CATALOGUE

DES

TABLEAUX,

DESSINS, AQUARELLES,

MINIATURE ET RECUEILS LITHOGRAPHIQUES,

Composant le Cabinet de M. le Baron D***

DONT LA VENTE

Aura lieu les Lundi 29, Mardi 30 Novembre, et Mercredi 1er. Décembre 1830, six heures de relevée, rue de l'Échiquier, n°. 34, Galerie de l'Échiquier ;

PAR LE MINISTÈRE DE M°. PETIT,

COMMISSAIRE-PRISEUR, RUE DES JEÛNEURS, n°. 1.

EXPOSITION PUBLIQUE LE DIMANCHE

28 NOVEMBRE, ET CHAQUE JOUR DE VENTE,

DE MIDI A TROIS HEURES.

1830.

Le Cabinet que nous offrons à MM. les Amateurs, se compose d'un joli choix de Dessins et de Tableaux qui ont été acquis directement des artistes, ou qui proviennent des ventes les plus remarquables qui ont eu lieu les années passées: de jolies choses sont toujours rares à rencontrer, et quand elles se trouvent on doit saisir l'occasion de les acquérir; nous espérons que notre Exposition offrira quelque attrait aux connaisseurs et qu'ils voudront bien nous prêter assistance.

CATALOGUE

DE

TABLEAUX,

DESSINS, AQUARELLES,

MINIATURE ET RECUEILS LITHOGRAPHIQUES.

TABLEAUX.

.BEAUME.

1 Une Moissonneuse fait jouer son plus jeune
   enfant, et le met à cheval sur le dos de
   son frère. Ce groupe est plein de grâce
   et de naturel ; les figures sont bien dessinées.

BERTIN.

2 Canal bordé d'arbres. Ce joli petit tableau
   plein de fraîcheur, provient du cabinet
   de feu M. Coutan.

3 Site montueux, entrecoupé de ruisseaux.

Ce joli tableau est d'un style sévère ; les fonds sont d'une grande suavité.

BIDAULT.

4 Fort beau paysage représentant un site d'Italie ; à gauche une fontaine ombragée par une belle masse d'arbres ; à droite et au fond une montagne couverte de fabriques, au pied de laquelle est une rivière.

BRUANDET.

5 Deux jolis paysages. L'un représente une Forêt au soleil levant, et l'autre un effet de soir.

DAGNAN.

6 Étude faite en Dauphiné.

DECAMPS.

7 Intérieur d'un Chenil, où sont plusieurs chiens bassets à jambes torses.

8 Soldat Grec au bivouac, petite esquisse.

DUVAL LECAMUS.

9 La Souricière.

Un jeune Enfant dans un grenier, jouit de l'embarras d'une pauvre souris qui s'est laissé prendre. Ce tableau est d'un charmant effet : il a obtenu beaucoup de succès au salon.

ENFANTIN.

9.. 10 Église de la Madone dell'Avocatel alla Cava.

2 11 Fort belle étude faite dans les Alpes.

2. 12 Petite Cabane dans un fossé.

13 Fort belle étude de Rochers à l'île de Capri.

ENFANTIN, ET FIGURES DE NEWTON FIELDING.

2 14 Chasse au Cerf dans une plaine d'une grande étendue.

GOSSE.

3. 15 Anacréon, Glycère et l'Amour. Charmante composition pleine de grâce. Les figures sont bien étudiées et d'une belle couleur, les accessoires sont riches. Ce tableau est digne de figurer dans les cabinets les plus importans.

Le peintre s'est réservé le droit de le faire graver, moyennant une certaine quantité d'épreuves qu'il donnera au propriétaire.

3 16 Jacob recevant la robe ensanglantée de Joseph. Fort belle composition, pleine d'intérêt.

GREUSE.

17 Tête de jeune Fille, pleine d'expression, et du plus beau faire de ce maître.

GUDIN.

2   18 Des Pêcheurs radoubant leur barque.
Le soleil, après avoir éclairé le haut des
falaises, s'échappe à travers un arrache-
ment de terrain, et répand sa lumière sur
la plage. Il est difficile de trouver un
effet plus piquant, et un tableau mieux
peint : on y reconnaît tout le talent de
l'artiste.

HUET.

2   19 Un bâtiment marchand attend sur sa
quille la marée montante, pour conti-
nuer sa route : les matelots se reposent
sur le rivage. Ce tableau largement tou-
ché est plein d'effet.

2   20 Charrette de paysan dans un chemin creux.
Fort joli tableau.

KNIPP.

3   21 Un Berger napolitain mène son troupeau
aux pâturages, et traverse à gué les ruines
d'un temple envahi par l'eau d'un torrent.
Les animaux sont bien peints.

LESAINT.

8   22 Intérieur de ferme. Tableau plein de lumière et riche de détails.

LAVAUDAN.

23 Le Rémouleur. Tableau plein de vérité.

MARTINET.

24 Joli Paysage.

NEWTON FIELDING.

25 Chien de chasse. Tableau d'une jolie couleur.

26 Cerf traversant une forêt.

RENOUX.

27 Restes d'un vieux Castel. Tableau d'une grande vérité et d'un bel effet.

RONMY.

28 Fort joli Paysage.

SERRUR.

29 Un Ane et son Conducteur attendent à la porte d'une chaumière. Jolie étude pleine de vérité.

30 Domestique tenant un cheval anglais. Le cheval est parfaitement dessiné.

31 Un Turc, au repos près de son cheval, est surpris par des Grecs.

32 Turc fumant sa pipe. Figure riche de détails et d'une belle couleur.

33 Le Camoëns sauvant des flots le poëme de la Lusiade.

E. SWEBACH.

34 Le Relai de la malle-poste. Fort joli tableau plein de mouvement; les figures sont groupées avec esprit et parfaitement dessinées; le site est étendu, et offre un joli paysage.

ULRICH.

35 Torrent en Suisse. Ce tableau est fort étudié; les eaux, l'aspect des rochers, la pose des arbres et leur feuillage, tout y est d'une grande vérité, et il est aisé de voir que l'artiste l'a fait entièrement d'après nature.

Il a profité avec adresse des accidens de lumière pour faire sentir une infinité de plans qui sont tous éclairés sans nuire à la profondeur du site.

VERNET LAUZET.

36 Plusieurs Vaches, conduites par un petit paysan monté sur un âne, traversent à gué une petite rivière qui passe près d'une ferme.

37 Les Tableaux omis au Catalogue seront vendus sous ce numéro.

DESSINS ET AQUARELLES.

ALAUX.

38 Brigand napolitain traversant un torrent.

39 Un jeune Napolitain montre, en riant, à sa maîtresse, un capucin qui monte avec recueillement les marches d'un escalier.

40 Les Oies du frère Philippe.

41 Le Meûnier, son Fils et l'Ane.

Ces deux charmantes compositions, pleines de gaîté, ont été acquises directement de l'artiste, et n'ont jamais quitté le cabinet que nous vendons.

C. AUBRY.

42 Des Officiers profitent du loisir de la garnison pour se livrer à la peinture ; ils ont fait venir un cheval que l'un d'eux caresse pendant que l'autre en fait une étude.

BAPTISTE.

43 Un Napolitain et sa femme jouissent des caresses de leurs enfans.

BEAUME.

3   44 Paysans rentrant leur foin. Jolie sépia
pleine de légéreté.

BELLANGÉ.

1   45 La Vivandière.

Un Cuirassier, porteur d'un drapeau qu'il
vient de prendre à l'ennemi, boit à sa
victoire.

Ce dessin est très riche de composition et
d'une belle couleur.

1   46 Tandis que la Bonne écoute les doux pro-
pos d'amour de Jean-Jean, le sapeur
complaisant se charge de l'éducation de
la petite fille, et lui apprend à boire.

BERLOT.

2   47 Cour intérieure d'un temple chrétien.
Sépia.

DE BOISSIEU.

3   48 Rivière serpentant au pied d'une chaîne
de montagnes.

3   49 Jolis Croquis à l'encre de Chine.

BONNINGTON.

2   5o Jolie Vignette à l'aquarelle.
1   51 Barques sur les côtes.

(ATTRIBUÉ À)

2 1 52 Port de mer dans lequel on voit plusieurs
         vaisseaux sous voiles.

BOURG D'ORCHEVILLIERS.

3   53 Vieux Château duquel on aperçoit une
         vallée immense bordée par de belles
         montagnes. Très beau dessin, d'une
         grande suavité.

BOURGEOIS.

2   54 Grand dessin à la sépia, représentant le
         château Dusset.

BOUTON.

1   55 Intérieur d'une Église.
2   56 Salle basse d'un Cloître.
1   57 Chapelle des fonds baptismaux.
         Ces trois dessins sont très brillans et pleins
         d'effet.

CHAMPION.

2   58 Françoise de Rimini.
3   59 François Ier. et sa maîtresse.

CHAMPMARTIN.

3 60 Cheval dans une écurie.

CHARLET.

3 61 Le Philosophe en méditation.

2 62 Le petit Savoyard et sa Marmotte.

2 63 Le Donneur d'eau bénite.

1 64 Un Lancier en védette. La figure principale est pleine d'action ; elle exprime bien toute l'attention que lui commande la présence de son général, que l'on voit dans le fond.

1 65 Soldat conversant avec un paysan. Fort jolie aquarelle.

CICERI.

3 66 Effet de neige. Dessin sur papier de couleur.

CIVITON.

2 67 Quatre petits dessins représentant des Châteaux royaux.

C. COLLIGNON.

3 68 Jolie Marine à la sépia.

COUPIN DE LA COUPERIE.

69 Les adieux de Lancelot à la reine Geneviève.

Fort belle aquarelle d'une grande finesse et pleine de grâce.

DAUZAT.

69 *bis*. Intérieur de village. Jolie aquarelle.

DAVID.

70 Esquisse à l'encre de Chine du tableau de Pâris et Hélène, qui est au Luxembourg.

Il est difficile de trouver de ce maître une composition tout entière d'une aussi petite dimension.

DECAMPS.

71 Un Charriot attelé de bœufs traverse un ruisseau qui baigne une plaine immense.

72 Dessin à la plume, plein d'esprit; Atelier d'un Écarisseur.

73 Chaloupe turque. Croquis à la sépia fait par l'auteur dans son dernier voyage au Levant.

74 Fort belle sépia d'un grand effet.

75 Femme suisse dans un intérieur. Dessin au crayon noir et blanc, d'un fort bel effet.

E. DELACROIX.

76 Chevalier armé de toutes pièces, sur un cheval blanc richement caparaçonné.

77 Pinto donnant le signal de la révolte.

A. DESMOULINS.

78 Vision de Jeanne d'Arc. Beau dessin à la sépia.

ENFANTIN.

79 Intérieur d'une Cour. Étude à la sépia.

80 Village en Picardie.

81 Ferme en Normandie.

82 Aquarelle faite au bord de la mer.

COPLEY FIELDING.

83 Vue prise au port de Boulogne à marée basse.

84 Vue prise en Sicile. Fort belle aquarelle.

NEWTON FIELDING.

85 Des Pêcheurs lancent à l'eau leur chaloupe, qu'ils avaient remisée près des restes d'un vieux château.

86 Marais, vu au soleil couchant, et animé

par une infinité d'oiseaux aquatiques qui
viennent s'y réfugier.

87 Chevreuil au repos, dans une riche pâture.
Dessin d'une belle couleur, et plein de
soleil.

88 Des Pêcheurs préparent leur chaloupe pour
l'excursion du lendemain. Effet de soleil
couchant.

89 Intérieur de Ferme. Jolie aquarelle.

90 Canards dans un marais.

91 Petite Barque sur la berge d'un étang.

92 Faisans dans un paysage. Dessin d'une fort
belle couleur.

93 Un Lièvre.

T. FIELDING

94 Fort beau Paysage, représentant un pays
très étendu.

FINART.

95 Plusieurs jolis Dessins à l'aquarelle.

FLEURY.

96 Un Pélerin et sa fille, harassés de fatigue,
se reposent sur une pierre; la tête du
vieillard est pleine d'expression. Ce des-

sin a été apporté de Rome, et n'est jamais sorti du cabinet que nous vendons.

GRANET.

97 Pyramide de Caïus Sextus, et Porte Saint-
Paul à Rome.

98 Intérieur d'un Cloître, où se promènent
des capucins.

99 Fabrique à Rome.

100 Croquis à l'encre. Bénédiction des alimens
chez les capucins.

GRÉNIER.

101 Soldat de l'ancienne garde. Sépia pleine
d'esprit.

102 Soldats français défendant une redoute.

GREUZE.

103 Deux Têtes au crayon rouge.

104 Les Reproches maternels. Croquis à l'encre
de Chine.

GUDIN.

105 Bains de mer sur les côtes de Normandie.
106 Paquebot en mer, en vue de Calais.
107 Marine à la sépia.

Les dessins de M. Gudin sont toujours très recherchés. Ceux-ci sont très jolis.

HUBERT.

108 Moulin à eau en Dauphiné. Sépia bien touchée.

HUET.

109 Intérieur de Forêt. Aquarelle d'une belle couleur, et savamment touchée.

110 Plusieurs vues de Châteaux. Cet article sera divisé.

Ces dessins ont été achetés directement à l'artiste.

ISABEY père.

111 Portrait de Napoléon au crayon noir. La figure est terminée.

JACOTET.

112 Deux aquarelles, faites d'après des Mazures existant autrefois dans l'intérieur de la Boule Rouge.

T. JOHANNOT.

113 Enfans jouant aux cartes. Aquarelle d'une belle couleur et d'un grand effet.

JOLY.

114 Vue d'un petit Canal. Sépia légèrement touchée.

115 Fort joli dessin à la sépia, représentant une
Vue de la Marne.

116 Plusieurs sépias. Cet article sera divisé.

JUHEL.

117 Composition grotesque et pleine d'esprit.

KELLIN.

118 Paysage à l'aquarelle.

Xavier LEPRINCE.

119 Paysan à cheval. Jolie sépia.

Mme. HAUDEBOURG LESCOT.

120 Vieille Femme assise. Figure pleine d'esprit
et bien dessinée.

121 L'Escarpolette napolitaine. Charmante composition, pleine de gaîté et d'une belle
couleur.

MARTINET.

122 La Promenade à Romainville.

C. MAUZIN.

123 Embarcation de Pêcheurs près de Falaise.
124 Plage à marée basse. Dessin d'une grande
vérité.

MIDY.

125 Jeune Paysan se reposant dans une forêt
avec son chien. Aquarelle bien dessinée.

H. J. MONNIER.

126 Une ancienne Ouvreuse de loges aux Français.

NICOLE.

127 Oratorio à la villa Adriana.

128 Oratorio à la Curia Hostilia à Rome.

129 Deux fort jolies Aquarelles.

130 Vue du château de Versailles, du côté de la pièce d'eau des Suisses.

M. Nicole attachait beaucoup de prix à ce dessin, qui est d'une grande finesse ; et tant qu'il a vécu, il n'a pas voulu s'en défaire.

OLAGNON.

131 Une vieille Femme fait rechercher par sa camarade la cause d'une démangeaison qui la tourmente.

PROUT.

132 Vue extérieure d'un vieux Monastère anglais. Dessin largement fait.

PRUDHON.

133 Deux Enfans jouent avec un chat ; le plus âgé rit du plus jeune, qui s'est laissé griffer. Cette composition est pleine de grâce : les petites figures sont charmantes.

REDOUTÉ.

134 Une fort belle Rose à l'aquarelle, accompagnée de cinq Boutons.

RÉMOND.

135 Intérieur d'un Cloître à Rome. Dessin d'un tableau connu de ce maître.

ROGER, DE BORDEAUX.

136 Paysage d'une grande étendue, et sillonné par une rivière. Aquarelle très vaporeuse.

SERRUR.

137 La Mère inconsolable. Dessin rehaussé de blanc.

STORELLI.

138 Fort joli Paysage à l'aquarelle.

TANNEUR.

139 Petite Marine. Effet de soleil couchant.

TAYLER.

140 Charriot anglais, traîné par six forts chevaux. Joli dessin d'une belle couleur.

141 Course de Chevaux en Angleterre.

142 Stage sur la route de Douvres.

THIBAULT.

143 Vue de Rome.
Ce dessin est un des plus beaux qu'ait faits cet artiste.

144 Charmant Paysage. Vue prise au pied des Apennins.

145 Deux jolis Dessins à la sépia, d'après lesquels ont été exécutées les décorations du château de Montenero, à l'Opéra-Comique.

THIERRY.

146 Monument gothique. Les dessins de cet artiste sont fort rares : celui que nous offrons ici est fait avec beaucoup de soin, et pourrait servir de frontispice à l'album le plus riche.

TOPFER.

147 Dessin à l'aquarelle. Vue de Suisse.

TRUCHOT.

148 Fort beau dessin à la sépia, représentant l'Intérieur d'un Cloître. Les dessins de cet artiste, trop tôt enlevé aux arts, sont très rares.

TURPIN DE CRICÉ.

149 Vue d'un Couvent. Dessin à la sépia.

VAUTHIER.

150 Plusieurs Papillons, très finement peints.

VAUZELLE.

151 Intérieur de la salle basse d'un Cloître : un

religieux est en prière. Charmant dessin, bien étudié, et d'une grande vérité.

C. VERNET.

152 Deux jolis petits Dessins à l'aquarelle, de forme ronde, provenant de la vente Beauchau : l'un représente un Arabe à cheval, et l'autre, Murat.

153 Mameluck à cheval. Fort belle aquarelle, riche de couleur.

Horace VERNET.

154 Une Dame à cheval s'apprête à sauter un fossé. Joli dessin au crayon.

DE VIEL CASTEL.

155 Dessins bien touchés pour le roman de Quentin Durward.

VIGNERON.

156 Fort joli Dessin. Portrait d'Henri IV.

WATELET.

157 Aquarelle représentant une ancienne Église en ruines.

PAR UN ARTISTE ANGLAIS.

158 Pêcheurs réparant leurs filets.

159 Les Dessins omis au Catalogue seront vendus sous ce numéro.

MINIATURE
ET
RECUEILS LITHOGRAPHIQUES.

MINIATURE.

BARROIS.

160 Charmante Tête de Femme blonde, d'un pinceau délicieux. Cette Tête, qui provient de la vente de M. Barrois, où elle a été payée un grand prix, lui a valu la médaille d'or en 1819.

RECUEILS LITHOGRAPHIQUES.

161 Magnifique Exemplaire de *la Henriade*, avec Lithographies de MM. Horace Vernet et Mauzaisse, richement relié, et premier choix d'épreuves.

162 OEuvre lithographique d'Horace Vernet, recueilli en deux beaux volumes in-folio, richement reliés, contenant environ 224 pièces, premier choix d'épreuves.

Cette Collection est infiniment rare et précieuse; il n'en existe que quatre aussi complètes : il a fallu beaucoup de temps pour la former, et surtout beaucoup de persévérance; ce qui est plus rare que l'argent.

On comprendra toutes les difficultés qu'il a fallu vaincre, en considérant qu'outre les Lithographies ordinaires, M. Horace Vernet a fait pour beaucoup d'ouvrages, des figures, culs-de-lampes, portraits, etc., qui n'ont pu être obtenus qu'en achetant ces ouvrages et les détruisant ensuite. Certaines épreuves n'existaient plus en France et ont dû être cherchées à l'étranger. Aussi a-t-on souvent payé plusieurs centaines de francs, ce qui dans l'origine coûtait 1 fr. 50 cent.

Ce Recueil est digne de figurer dans le cabinet d'un prince; il n'existe dans aucun établissement public.

163 Vingt-quatre Albums divers, lithographiés par MM. Adam, Bouton, Decamps, Devoy, Devéria, Fragonard, Grénier, Morner, Pigal, Raffet, Roqueplan, Scheffer, Huët et autres.

164 *Un an à Rome*, par M. Thomas, Exemplaire de choix, planches coloriées; belle reliure.

165 Métamorphoses du jour, par Granville.

166 Un grand nombre de Lithographies en feuilles, Albums et Croquis, seront vendus sous ce numéro.

IMPRIMERIE DE PIHAN DELAFOREST (MORINVAL), RUE DES BONS-ENFANS, N°. 34.